K考古学研究所のひみつ2

~良い考古学者と悪い考古学者~

高岡さや

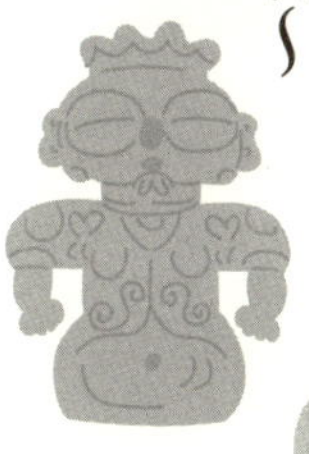

文芸社

目次

はじめに

私の職場はN県立K考古学研究所である（注・二〇一△年三月で解雇）。補助員（アルバイト）なので、学生時代に考古学を学んだわけではない。民間企業の面接に落ち続け、友人に紹介してもらったのだった。偶然出会った職場であるが、もう丸二十一年も働いてしまった。その間に、いろいろなことがあった。特に大変だったのは、人間関係である。これは、ほかの職場でも同じであろう。

前作（『K考古学研究所のひみつ』）では補助員の仕事内容などを中心に紹介した。今回は、所内で出会った考古学者（上司）たちに焦点を当ててみたい。尊敬できる人もいれば、そうでない人もいた。その方々を、勝手に「良い考古学者」と「悪い考古学者」に分類してみた。

あなたの職場にも、こんな人がいるかもしれない。「わかるわかる」と頷きながら読んでいただければ、幸いである。

〈良い考古学者　その一〉考古学の神様に選ばれた人

実測を教わった日々

Ａ調査員が研究所にやってきたのは、私が就職して一、二年が過ぎた頃だったと思う。

なんでも石器の専門家だそうで、「今年の採用試験はＡを通すために作られたようなもんだったらしいよ（石器の問題でも出たのだろうか）」、とカゲでうわさされていたほどの人物であった。班は違ったが、同じ三階の整理室に着任されたので、すぐにお顔はわかった。

Aさんは新しい環境に慣れるのが苦手だったのか、初めはあまり喋らない人だった。少しシャイだったのかもしれない。けれども実は面倒見の良い人だった。

それからしばらくして、私の上司の現場で石器が何点か出てきた。当時の上司は仕事である行政発掘よりも、自分の研究が大好きな人であった。仕事は「やっといてよ」と補助員に丸投げである。自分の専門ではない遺物が出てくれば、「この遺物は○○君が専門だから、実測図は○○君に教えてもらって」と、これまた他人に仕事を振るのであった。

しかしながらそれは、「自分が詳しくないものは専門家に任せる」という、ある意味で正しいやり方であった。そしてそのとき上司が頼る「○○君」は、実際に優秀なその道の専門家だったのである。この上司は、適確に人を見ていた。

そんなわけで、例のごとく「石器の実測はA君に教えてもらって」と私は修業に出されたのであった。

石器の実測は土器の何倍も難しい。まずモノが小さくて見づらい。石器は人の手で割られてできた多面体であるが、その面を描くのである。つまり面を作る稜線を全て描くのだ。それからリングを描く。リングというのは面の中にある弧紋《こもん》のようなものである。例えば鏃《やじり》を作ろうとして、道具にしている石で鏃の材料をガン、とたたくとしよう。たたいた点を打点という。この打点を中心にしてコンパスで円を描くように、面の中に弧紋ができるのである。これがリングだ。このリングも鉛筆で描かねばならない。サヌカイトなどはリングが見えにくい。見えなくても理屈で、打点がここだからリングはこの方向に出るはず、と描くこともあった。

それから線を描く以前に、石器の天地（方眼紙を地図だとしたら、南北方向）や裏表がまずわからなかった。鏃ならまだ天地はわかる。山の形に置けばいい。ところが楔形石器などになると、お手上げである。初めの頃は我流で描いて、「これ、裏表が九〇度ずれてるで」などと訂正されたことがあった。側面（横の面）を表にしていたのだ。

石器を描くときは、必ず調査員さんに天地や裏表を尋ねてから描かねばならない。

Aさんは異動で、附属博物館の所属になっていらしたと思う。私は毎日、一、二時間ほど博物館に通って、石器の描き方を教えてもらっていた。今から思えば、Aさんにとっては結構な迷惑だったのではないだろうか。

ウノができない

Aさんの奥様も石器の専門家で、博士課程まで終了された方だった。一時期、研究所に補助員として来ていらしていて、私はA夫人からもいろいろなことを教えてもらった。

あるとき、A夫人から「うちのダンナ、色弱（色覚多様性）なの」と突然言われた。色の見分けがあまりできないのだそうだ。「ウノができない」とおっしゃっていた。ウノとは、カードゲームのウノのことである。赤のカードを出したら、次の人も赤を出さねばならない、などというルールだったように思う。

A夫人は色弱で困ることと言ったら、ウノができないことぐらいだ、というように、あっけらかんと話された。なんだかそれがおかしくて、私は吹き出しそうになった。それと同時に、お二人の間の強い絆も感じた。相手を好きになるのに、色弱であることは、何のマイナス点にもなっていなかったのである。

ただ、色弱の話は早くに知っておきたかった。実測図に赤色を塗って、「Aさん、この部分がわからないんですけど」と質問したことがあったと思う。そういえばそのときAさんは、「この、色が塗ってあるとこやけど」と言われた。申し訳ないことをした、と胸がチクッとした。知っていたら、赤色なんて使わなかったのに。ご自分からは、言い出しにくかったのかもしれなかったが。

そしてそれから、「ああ、Aさんは考古学（特に石器）の神様に選ばれた人なのだ」と思った。神様はこう考えたのだ。

「だってさー、色がわかる目だったら、A君はファッションデザイナーになってたかもしれないじゃん。そんなの困るよ。A君には、石器の研究者になってもらわないといけないんだからさ」

そう思われたのに、違いない。石器にも色のついたものはあるけれど、サヌカイトならグレーと黒の世界だ。実測図だって白と黒で表現するだけだったのだから。

それ以来Aさんを見かけると、「あ、神様に選ばれた人だ」といつも心の中で思っている。なんとなく、ウキウキしながら。

〈良い考古学者　その二〉頭の良い人って……

できる人

Bさんは、私の三人目の上司である。現在の補助員は特定の調査員に付かずに、様々な人の仕事をすることになっている。だが二〇一四年までは、一人の調査員に一人の補助員が付き、文字通りアシスタントとして働いていた。

Bさんの所内での評価は高く、調査員さんの間でも補助員の間でも、大変仕事ができる人、という評判であった。特に補助員の間では人気があったそうで、皆が「Bさんの補助員になりたい」と言っていたらしい。私はBさんのことをよく知らなかったので、ピンとこなかったが。

しかしながらいざBさんの部下となってみると、大変難しい、ということがわかった。あまり多くを語られない方だったので、今一つ、自分の仕事の進め方がわからなかったのである。

アルバイトとして働くときは、そのスタイルが二種類に分けられると思う。一つは、「自分から動けるアルバイト」である。上司の指示を待たずに、きちんと先のことまで考えて動けるアルバイトである。もう一つは、「指示待ち族」である。上司の指示通りに、言われたことだけをやるアルバイトである。

研究所では調査員によって、このスタイルを演じ分けなければならなかった。私の最初の上司は「動けるアルバイト」でなければ務まらない人であった。「指示待ち族」なら、すぐにクビにしていただろう。ところが二人目の上司は「指示待ち族」を求める人だった。

Bさんの求める補助員は、どちらでもないような気がした。それで、とまどっていたのである。

今から思えばBさんは、調査員も補助員も協力して、早く仕事を終わらせようとされていたようだ。例えば、資料をホッチキスで留める作業。以前の上司なら、こんな簡単な作業は補助員だけにやらせていたと思う。ところがBさんは、自らもホッチキスを握るのである。カチャン、カチャンと何かのついでかのように資料を綴じていく。それが、なんとも速いのである。「資料作りのお仕事、ガンバロウ」と気合いを入れてホッチキスを握る私よりも、だ。どうしてだかは、わからない。ただただ、頭の良い人は単純作業ですらも手早く済ませるのだなあ、と思った。

Bさんの頭の良さは、考古学とはあまり関係のないところでも発揮されていた。Bさんが研究所一階のアトリウムの仕事を担当されていたときのことだ。

アトリウムでは数か月ごとにちょっとした遺物の展示や、写真展などをしていた。そのパンフレットもBさんが作っていた。パソコンでカラフルに仕上げてプリントアウトし、カラーコピーをして二百部ほど用意していた。

そのパンフレットが、雑誌編集者顔負けによくできていたのである。文章はわかりやすく書かれ、写真もたくさん掲載されていた。研究所のマスコットキャラクターもところどころに登場させている。あまりの出来映えに「なにこれっ！」と叫びたくなった。

Bさんは考古学者である。民間の雑誌社で記者だったわけではない。それなのにどうして、チャチャッとこんなパンフレットを作れるのだろう。

頭の良い人は、教わらなくてもこういう仕事ができてしまうのだなあ、と思った。

頭のプリンター

そんなBさんにも、一つ弱点があった。Bさんの頭の中にあるプリンターは、平凡だったのである。それは、Bさんの文章を校閲していたときに発覚した。

上司が書いた概報や報告書の文章を校閲するのも補助員の仕事である。内容のことはわからないので、専ら誤字脱字をチェックするぐらいだが。Bさんの文章はときどき、長くなったり、形容詞が延々と続いたりすることがあった。Bさんの頭の中には情報がありすぎて、「これも書きたい、あれも伝えたい」と言葉がどんどん出てくるのだ。しかしながらプリンターの方がそれについていけず、文字を詰めて並べてしまうのである。

これは二つの文章に分けた方がいい、とか読点を増やした方がいいな、と思いながらチェックをしていた。学者と小説家の違いはここかなあ、とも思った。小説家は読者に読んでもらうために、高性能のプリンターをフル回転させている。美しい文章を書くために、細心の注意を払って。でも学者は、そこまでプリンターに気を遣ってはいないのであった。

しかしながら、やりがいのある仕事であった。全く赤ペンの入らない文章を書かれる調査員さんもいる。完璧だなあ、すごい、とは思うものの、役に立てなかった気がして、ちょこっと残念に思うのであった。

Bさんはときどき、「あれ、しといてくれる?」とおっしゃった。けれども私にはその「あれ」がよくわからなかった。Bさんの補助員は三年ほど務めたが、「あれ」がわかるようになるには、もうしばらく修業しなければならなかったのかもしれない。少しばかり心残りである。

〈良い考古学者　その三〉つかず離れず、最後まで

研究所の良心

C調査員とは、働き出した初めの頃に同じ班になった。私より確か十三歳年上で、同じ大学の同じ学科の先輩であった（専修は異なる）。ただ二部（夜間）学生だったそうで、私の専修の先輩方のことは知らなかったそうである。二部学生だと聞いただけで、そうか、ご苦労されたのだな、と感じていた。

Cさんは落ち着いた、お優しい方だった。研究所の調査員は作業服を

着ていることが多い。Cさんも毎日作業服姿だった。そして腰の後ろの方にタオルをひっかけていらっしゃることが多かった。少し昔の、学校の先生のようだった。

Cさんはまた、とてもまじめな方であった。

私の上司と土器の実測図の話をしていたときのことだ。うちの上司は土器にはあまり興味がなかったので、実測図のチェックも甘かった。

「その程度のことで、歴史は変わりませんよ～」

そう言うと、Cさんは、

「そうかなぁ。文化史が変わるかもしれへんやん」

と、おっしゃった。

どちらの意見が正しいのだろうか。

どちらにも、一理あるような気がした。

Cさんに、補助員間のトラブルを注意してもらったことがある。後輩の補助員に、ちょっと皮肉屋な子がいた。あとから知ったのだが、その子は以前の職場では管理職として働いていたそうだ。それだけ仕事ができたから、周りの人間に文句を言いたくもなったのだろう。どうしても考古学の仕事がやりたかったそうで、退職して研究所にやってきたのだった。

その後輩と同じフロアになって間もない頃、私も悪口を言われた。私だけでなく、上司の仕事の進め方についても、文句を言われたのである。

確かにベストなやり方ではなかったかもしれない。しかし別に間違っていたわけではない。こちらに落ち度がなかったことを、目上の人ではなく、目下の人間から悪く言われたのである。

私は比較的、上下関係については厳しく育てられたから、目下の人間に失礼なことをされると激怒する方である。そのときは、壁をドカッと殴りそうになった。それでも、切れてはいけない、切れてはいけないっとグッとこらえた。

私が怒ったって、おそらくこの後輩は反省などしないのだ。もっと上の人から注意してもらわないと、と思い、Cさんに相談したのである。

Cさんに話すと、

「なんやあ、そのときに怒ったらよかったのに」

と言われた。それも正解だったかもしれない。けれどもこのときは、我慢してしまったのだった。

Cさんはすぐに後輩を呼び出し、注意をしてくれて、後輩の態度は、一気に改まった。

前述のA調査員にこの話をしたら、

「Cさんは研究所の良心なんだから、あんまり心配かけたらあかんで」と笑いながらおっしゃった。そうか。良心なのか。きっとみんな、何かあったら、Cさんを頼りにしているのだな、と思った。

Cさんは補助員のことをよく見ていて、ちょっとしたことにも気付いて、声をかけてくれていた。

私がお局様の補助員に無視されていたときも、お局様が退職したあとで、「何かあったん？」と尋ねてくださった。

十五時の休憩でほかの補助員にカゲ口をたたかれ、十七時まで泣きながら仕事をしたときも、翌日に声をかけてくださった。直接、泣いた理由は聞かれなかったが。

気配り

朝、私は早目に出勤して、三十分ほど掃除をしている。二〇一△年度から二階整理室に異動になったが、Cさんの席と近くなった。隣のブースだった。

Cさんは朝、私を見かけるとほぼ毎回、

「朝早くから掃除ありがとう」

と言ってくださった。いえいえ、とんでもない、と返事する私。補助員の待遇は今でも悪い。二〇一七年度の日給は六千二百七十円である。

社保や交通費はない。どんなに仕事を頑張っても、給料は増えない。

そんな毎日の中では、上司にちょっと感謝されると、嬉しいものである。

二〇一△年の三月三十日（木）のことだったと思う。いつものように掃除をしていたら、Cさんに声をかけられた。

「僕、明日で最後やねん。高岡さん、明日は休みやろ。今までありがとう」

ええっと驚いた。Cさんが定年退職するというのだ。あと一年あるんじゃないか、と思っていた。ひょっとしたら早期退職されたのかもしれない。二〇一五年度から、補助員は基本的に週三日勤務にされていた。私はこの年は火、水、木曜日に出勤していたから、三月三十一日の金曜日は、休みだった。Cさんは私の出勤日まで、ちゃんと知っていてくれたのだ。直接の部下ではなかったのに。

あまりのことで、慌てて「ありがとうございました」と言ったように思う。薄っぺらな言葉しか出てこなくて、悔しかった。知っていたら。もしもっと以前から知っていたら、もっと何か言えたのに。

そのあと備品庫に行って、普段は通りかからない、二階整理室のホワイトボードの前を通った。通ってまた、愕然とした。今年定年退職するDさんの退職記念パーティーのお知らせが張ってあったのだ。

なんでDさんだけ。

Cさんだって、退職するのに。

どうしてこんな、Cさんにも見えるようなところに張ってあるんだろう。気を悪くされるじゃないか。それとも、嫌がらせだったのだろうか。調査員さんの中には、Cさんのことを悪く言う人もいたから。あんなに良い方なのに。私には悪く言う人の気持ちが全く理解できなかった。

二重に衝撃を受けて、頭がクラクラした。

Cさんのお仕事を直接したことはない。それでもなぜかいつも、Cさんは近くにいてくださった気がする。上司というよりも学校の先生のように、見守っていてくださった気がする。

つかず離れず、会えなくなる最後の日まで。

Cさん、本当にありがとうございました。

〈悪い考古学者　その一〉無実の罪で、一時間叱責

名門出のエリート

Eさんは、私の二番目の上司である。とても偏差値の高い、国立大学出身の人だ。着任した翌日に、補助員の先輩から命令が下った。

「Eさんが灘高出身かどうか、聞いてきてよ」

うわさ好きの先輩の命令には背けず、Eさんに聞きに行った。すると
Eさんは、、、、

「僕は、中学から国立大の付属校」

と答えた。その瞬間に、ああ、この人とは合わないなあ、と思った。エリートが、苦手だったからである。出身中学の話なんて、誰も聞いていないのに。

　案の定、Eさんの仕事はやりづらかった。それまでは「自分から動けるアルバイト」だったのに、Eさんは「指示待ち族」を求めた。私は、自分の羽を一枚ずつもいで、飛べない鳥になった。それは大変な苦痛を伴うものだったが、仕方がなかった。「指示待ち族」になることが、上司からの業務命令だったからだ。

　やり方や考え方が違うことは毎回のようにあったが、イエスマンとなった。一度も、反対などしなかった。

ハンコ騒動

前の上司から科学研究費の仕事もさせてもらっていて、私は一時期、日曜日に出勤していたことがあった。二〇〇△年の四月二十△日（日）だったと思う。いつものように科研の仕事で出勤していると、Eさんも出勤されていた。それで、昼休みか夕方に、話があると言われたのだ。長くなりそうだな、と嫌な予感がした。夕方でお願いします、と答えた。

予感は当たった。休憩室で話を始めると、Eさんは怒り出したのだ。細々したことにも怒っていたが、一番問題になったのは、ハンコ事件である。

研究所では図面やスライドに遺跡名を記すので、そのハンコを作ることがある。外注することが多いが、総務課がハンコを作れる道具を購入したようで、所内で作ることもできるようになっていた。商品名は確か、「タイコバン」と言ったように思う。

Eさん曰く、

「僕がタイコバンでハンコを作れと言ったのに、従わなかった。上司に口答えするなんて、越権行為やっ」

それは随分前の話で、私はそのときのことを思い出そうとした。どうも腑に落ちない。Eさんの指示を拒否した覚えはない。

しかしながらこういう場合、目下の人間から謝らなければ収拾がつかないことを、私は承知していた。それで、身に覚えのないことではあったが、すみませんでした、と米つきバッタのように何回も頭を下げた。ほかにもいろいろなことで罵声を浴びせられた。時間にして一時間ぐらいだっただろうか。納得がいかないこともあったが、私はただ、ひたすら謝ってばかりだった。

その夜、モヤモヤしたまま考え続けた。Eさんが指摘する、「口答え」について、だ。そしてハンコに関しては、濡れ衣だということに気付いた。

正確にはEさんは、「タイコバンでハンコを作ったことがありますか」と私に尋ねたのである。前の上司のときに作ったことはあるが、私がその作業をしていると、ほかの仕事ができなくなる。前の上司はそれを「コストがかかる」と言った。外注した方が安くつく、と。

それで、一回作ったことはあるが、それ以後は作っていない、と私はEさんに返答したのである。Eさんはそうですか、と言って、ハンコを作れとは言わなかったのだ。

私は、口答えなど一度もしていなかったのである。

しかもEさんが作ろうとしたハンコは、すでに資料室に置いてあるものだった。H遺跡やF遺跡などは何回も発掘しているので、そういう大きな遺跡のハンコなら、たいてい資料室が作成済みなのである。Eさんのしようとしたことは、しなくていい作業であり、もしハンコを作っていたとしたら、予算の無駄使いになっていたのだ。

口答えなどしなかった私。結果的に予算の無駄使いを防いだ私を、Eさんは一時間も怒鳴り続けたのだ。

はっきり言って、パワハラである。

そもそも「口答え」だとか「越権行為」だとかいう言葉使いもどうかと思う。まるで私のことを奴隷のように扱っているみたいだ。

私は奴隷ではない。ただの部下だ。たとえアルバイトであっても、より良い仕事をするために、上司に疑問点を尋ねてみたり、意見を述べたりするのは、悪いことではないと思う。

Eさんとは、それで決定的な溝ができた。だがそのあとも、私はEさんの補助員を五年間続けた。トータルで、八年である。Eさんとの仕事では、「我慢」ということを学んだ。

〈悪い考古学者　その二〉研究者はストーカーになりやすい

考古学者がストーカーしがちなわけ

研究所で働いていて困ったことの一つに、セクハラ（もしくはストーカー）被害がある。二〇一△年時点で、八人もの職員から被害を受けた。私以外の女性補助員も被害を受けており、その補助員さんはセクハラといじめが原因で、仕事を辞めざるを得なくなった。

研究所で働く調査員は全員が考古学者である。一般の人よりコミュニケーション能力が低いのは、否めない（もちろん、個人差はあるが）。

とりわけ、女性と話すのが苦手な人が多かった。既婚の女性ならまだしも、自分の恋愛対象となるような、年頃の女性と話すのが苦手な人は何人も見かけた。

そういう人が女性に片想いをしたらどうなるか。まず、顔をまともに見られない。ちらちらと見たり、遠くから見たりするのが精一杯だ。直接話すなんてムリ。休憩時間にお茶を手渡されようものなら、手が震えてしまう。とても自分から声はかけられないから、朝の電車で一緒になっても、後ろから見つめるだけ。もしくはすぐ前を歩き、女性に声をかけてもらうのを待つ。

本人は片想いしているだけだ、と言うだろう。しかしこれらは、女性の側から見ればただのつきまといであり、ストーカー行為である。

ストーカーというのは、女性と話すのが苦手な人がなりやすいのだ。民間企業の営業マンで、毎晩合コンに行って女性を口説いているような人は、ストーカーにはならないだろう。

通用口で毎朝待ち伏せする人や、着替えをのぞく人がいたが、ここではあとの章にも関係する、三人の調査員によるセクハラ（もしくはストーキング）について触れておきたい。

恐怖の日々1

Fさんは、私より二つか三つ年上の人だった。同じ大学の先輩でもあった。私が就職した頃に、片想いをされていた。ところがそのときはデートに誘うというようなこともなかった。それがつきまといに発展したのは、二〇〇△年のことである。

異動でたまたま席が近くなり、想いが再燃したらしい。お見合いの席で聞かれるようなことを質問されたり、私がトイレに立つと、ついてこられたりした。

朝も、二人っきりになろうとした。研究所は節電のために八時半までは全館消灯している。窓から遠い廊下などは、薄暗かった。その薄暗い廊下で先回りをしたり追いかけてきたりして、私と二人っきりになろうとしたのである。

私は若い頃に夜道で男に襲われそうになったことがある。そのために、Fさんの行動を「恐い」と感じた。何度も何度も、襲われそうになったことを思い出した。Fさんのことはとにかく避けるようにした。

Ｆさんはそんな私を見て逆ギレした。「どうしてボクを好きにならないんだ」と言わんばかりであった。ある朝、廊下ですれ違うときに、Ｆさんは肩から提げていたカメラバッグをぶつけようとした。ゾッとして、走って逃げた。

当時研究所は教育委員会の管轄だったので、教育委員会の人事課に相談し、注意をしてもらった。それで、つきまといはなくなった。

ところが二〇一△年には、研究所の最寄り駅で待ち伏せされるようになったのだ。朝、たまたま同じ電車に乗り合わせたことがあり、それで私が乗る電車が知られてしまったのである。

Ｆさんは車両の中や、駅の構内で待ち伏せした。それは十三回も続いた。一向に止む気配がなかったので、また教育委員会の人事課に言った。

当時Fさんは附属博物館の勤務だったため、博物館のD副館長から注意してもらうことになった。

私もDさんと面談をした。Dさんは、「Fに話をしたけど、『そんなつもりはない』って言ってたよ。まあ誤解されててもなんだからやめておいたら、とは言っておくけど」とおっしゃった。私の話は、全く信じてもらえなかった。ただ、駅での待ち伏せはピタリと止んだ。

それからしばらくは何事もなかった。二〇一△年の三月に、偶然所外でFさんとすれ違うと、また監視行為が始まった。

Fさんは確か二〇一△年から研究所勤務に戻っていた。席は三階だったので、二階にいる私とは全く顔を合わせなかった。それが三月以降、二階のトイレ付近でFさんの姿を見かけるようになったのだ。時間がまちまちなら気にしなかったかもしれない。けれども毎回、早朝の同じ時間帯だったので、おかしい、と気付いた。私が掃除をして雑巾をトイレに洗いに行く時間帯だった。監視行為が復活したと考えるのが自然だろう。またピリピリする生活が始まることになった。

恐怖の日々2

Gさんのつきまといも、この頃からである。Gさんは二〇一△年頃、研究所に就職された若い調査員だった。初めはこちらをちらちら見るので、おかしな態度をとる人だな、と思った。少しして、それが片想いの徴候だと気付いた。一度だけGさんの仕事を手伝ったことがあるが、私が近付いただけで、Gさんは顔を真っ赤にされていた。

二〇一△年から私もGさんも、同じ二階整理室に異動した。私の席は北側にあり、皆たいてい北側の階段を使うので、整理室に出入りするときは私の机の横を通ることになる。

Gさんも出勤してきたときや現場に出かけるときは、私の席の横を通っていた。机の横は狭い通路になっていた。人がすれ違うのは難しく、どちらかが机と机の間に入って避けなければならなかった。

朝の電車でストーキングしてくる調査員を避けるため、私は早くに出勤していた。出勤するとすぐに掃除をする。するとGさんは、私がこの狭い通路を掃いているときを狙って、現場に出かけるようになった。偶然ではない。通路を掃く時間はバラバラであったし、掃いている時間もほんの数分の間だ。私とぶつかるために通路を歩くには、私の動きを見計らって、現場に出かけなければならない。

Gさんは偶然を装って私にぶつかり、身体を触りたいようだった。

二〇一△年の二月頃だっただろうか。Gさんの動きに気をつけながら通路を掃いていたが、この日は足音に気付かなかった。ふと気配を感じて振り向くと、真後ろにGさんが立っていた。顔が、至近距離にある。うわっと飛びのいた。あんまり驚いたので、心臓がバクバクした。

Gさんは無言だった。普通なら、ぶつからないように声をかけるものだ。やはり身体に触りたかったのだな、と確信した。

私がひどく恐がっていたことに、Gさんも気付いたらしい。やりすぎたと思ったのだろう。その後は、一度もぶつかりそうになることはなかった。これもまた、意図的だったことの証拠である。偶然だったのなら、このあとも、二、三回ぶつかりそうになってもおかしくはない。それが、ただの一度もなかったのだから。

恐怖の日々3

Hさんのセクハラは、その次の三月頃から始まった。Hさんは二〇一△年頃研究所に就職された、かなり若い方だった。二〇一△年度は席が三階だったので、たまに用事で二階に来られたときにお顔を見る程度だった。

初めはなんともなかったのに、この頃から気に入られてしまったらしい。私の席の横を通るときはゆっくりと歩き、そして鼻息が荒くなった。まるで、女性を襲う直前のようだ。私は、電車の中で痴漢に遭ったことを思い出した。ちょうどこんな風に、荒い息を吹きかけてくる痴漢がいたのである。

Hさんが鼻息を荒くするたびに、背筋がゾッとした。

無言で背後から身体をピッタリくっつけにくるGさんや、女性に近付いて荒い鼻息の音を聞かせるHさん。職場だからセクハラ、などという軽い言葉で言い表されるが、これを電車の中でやられたら、ただの痴漢である。

Fさんの監視行為が復活したことを、二〇一△年末に、総務課からのアンケートの中で記した。それがきっかけで、GさんやHさんの話も、上司に話すことになった。

〈悪い考古学者　その三〉セクハラ被害を訴えたら、怒鳴られた

役に立たないアンケート

Ｆさんの監視行為について総務課のアンケートに書くと、当時の総務課長さんは心配してくださった。「何かあれば、また言ってください」とおっしゃった。

ところが、それは私の所属する調査課の上司には通用しなかった。二〇一△年三月十△日に、来年の雇用について管理職のＩさんと総務課長と三人で面談をしたが、Ｉさんには全く信じてもらえなかったのである。

Ｆさんにつきまとわれた、と言ったが、「気のせいやろっ」と否定された。来年度はＦさんと同じフロアにならないよう配慮してほしい、と言うと、

「ボクは、そんな考慮はしないっ！」

と大きな声で怒鳴られた。あまりの剣幕に身体が震えた。恐くて泣きそうになった。

その日は、泣きながら帰った。電車の中でも、駅から自宅まで徒歩三十分の道のりでも、涙は止まることはなかった。

その日の夜だったか、翌日の夜だっただろうか。夕食後に突然、身体が動かなくなった。

来年、もしＦさんと同じフロアだったらどうしよう。

Ｆさんはもうほとんどストーカーである。転職したからといって、逃げられるわけではない。研究所をやめたら、今度は自宅で襲われるだろう。Ｆさんは大学の先輩でもある。卒業生名簿を見れば、住所などすぐにわかってしまう。

どうしよう、どうしよう。もう、死ぬしかないではないか。

台所で突っ立ったまま、固まってしまった。

一時間ほどもそうしていただろうか。洗濯をしなければ、とようやく我に返った。うちは貧乏で洗濯機がない。洗濯物は全て手洗いをしていたから、一日でもサボることはできなかった。毎日の家事のおかげで、生活リズムはなんとか保たれていたのだった。

Ｆさんのストーキングと I さんのパワハラについては、県庁の人事課に手紙を書いた。人事課から連絡はなかったが、Ｉさんは何か言われたようだった。その後、少し態度が変わった。

新年度になったが、Ｆさんと同じフロアにはならず、ホッとした。だが監視行為は続いた。私が廊下で土器整理をしていることを知ると、翌日、見に来たのである。

Ｈさんの鼻息の荒さも続いていたため、研究所近くのＫ警察署生活安全課にも投書した。話を聞いてくださるとのことで、「直属の上司と一緒に署まで来てください」と電話で言われた。それで、中間管理職のＪさんに話をした。

Ｊさんはお優しい方で、補助員に対しても比較的親切だった。私の話は聞いてくださった。Ｆさんが私が就職した頃に片想いしていたという話も、「ああ、それ聞いたことあるなあ」とおっしゃった。ただ、警察に行くという件については「僕の一存では決められないから、上の人に相談するわ」と言われた。

中立の立場？

六月△日にJさんと管理職のKさんと三人で面談することになった。まず、警察には行けない、と言われた。

Kさん曰く、私と一緒に行くと私寄りになってしまって、中立の立場で所内のヒアリング調査ができなくなるから、だそうだ。そんなことはないだろう。警察に行ったからと言って、どうして私寄りになるのだろうか。単に、警察に行くのが嫌なだけだったのだろう。

K考古学研究所の職員は、県の職員であり、公務員である。それが、警察の聞き取り調査に協力しないとは。

Kさんは「中立の立場で」と言ったが、それは無理だな、と思った。Kさんは、私のことを嫌っていたからだ。それに、Kさん自体が過去に二度、セクハラの加害者になっていたからである。

Kさんが私を嫌う理由は三つあった。まず私の顔が気に入らなかったのである。初めて会ったときに、遠回しではあったが、「君はブスだね」と言われたのだ。いくら上司とは言え、なんて失礼なことを言う人なのだろう、と思った。そしてこれは、Kさんが起こしたセクハラ事件の一つ目でもあった。

私を嫌う理由の二つ目は、ほかの補助員とのトラブルにあった。私が

Eさんの補助員だったときのことだ。一階整理室の土器洗いを担当する補助員さんたちに、Eさんの扱う遺物を持っていったものの、洗いを拒否されたことがあった。それで総務課のアンケートに「職員の指示通りに働くよう、補助員に注意してほしい」と書いた。ところがそれは直接補助員には伝わらず、当時一階の補助員を管理していた、Kさんの方が叱られたらしい。それ以後、Kさんがひどく私を嫌っていることを、毎日感じていた。

理由の三つ目は、タバコである。現在、研究所の建物内は全面禁煙となっており、通用口の東側に喫煙コーナーが設けられている。建物の外ではあったが、ここだと通用口を出入りするときに、煙を吸ってしまうのだ。特に十七時頃がひどかった。補助員が退出する頃に職員が大勢タバコを吸いに来て、私たちは受動喫煙させられていた。職員の勤務時間は、十七時十五分までだったのでは。あと十五分、どうして待てないのだろう。

私は一度、敷地内を全面禁煙にしてほしい、と県庁に投書したことがあった。Kさんはそのことを知っているようだった。ヘビースモーカーなKさんは朝出勤すると、建物に入る前に、まず一服するのである。私はその姿を見ていた。Kさんはバツが悪そうにこちらに背を向け、こそこそと吸っていた。現状のルールでは敷地内の喫煙は認められているのだから、堂々と吸えばいいのに。

Kさんは私のことを「アルバイトのくせになまいきな」と思っていたのだろう。私はただ、研究所の仕事がうまく回るように、また補助員の健康が守られるように、と思っていただけなのだが。

そういうわけで、Kさんは私のことを嫌っていた。

それから、Kさんが起こした二つ目のセクハラ事件のことも記しておこう。

私がKさんにブスだと言われた日のことである。それは私が研究所で働き出した、一年目のできごとだったと思う。私がKさんと出会ったのは、嘱託の女性職員（L子さんとしておく）さんの自宅であった。仕事帰りにL子さんから何度も何度も夕食に誘われたのだ。「今夜はうちにご飯を食べに来てほしい」と。当時私は実家暮らしだったから、帰宅すれば夕食は用意されていた。それで、全く気はすすまなかったものの、L子さんがあんまり熱心なので断り切れず、自宅にお邪魔することになったのである。「ほかの職員さんも来るけど、気にしないでね」と、L子さんは言われた。

L子さんと二人で食材の買い出しをしてから、L子さんの家へお邪魔すると、なんとすでに男の人が上がり込んで、コタツに座っているではないか。

あ然とした。そしてそれが、Kさんだったのである。

当時は、妙なメンバーで食事をすることになったな、と思っただけだった。だが今回セクハラの被害に遭い、Kさんとの面談中に、「中立の立場でヒアリングを」という言葉を聞いた途端に、思い出したのだ。そしてやっとわかった。L子さんが必死に私を夕食に誘ったわけが。

L子さんは、Kさんと二人っきりになるのを恐れていたのである。

Ｋさんは、Ｌ子さんが嫌がっているのに、夜、自宅に上がり込んだのだ。

男女間にも友情はあるから、二人がもし親友同士だったとしたら、私を呼ばなかっただろう。気心の知れた二人だけで食事をしたはずだ。

ＫさんとＬ子さんが交際していたら（Ｋさんは既婚だったと思うので、不倫関係になるが）、それこそ私なんかお邪魔虫なのだから、招待するわけがない。

二人の間には友情も恋愛感情もなかった。好きでもない男が夜に自宅へ来るなんて、とんでもない話だ。どう考えてもセクハラである。というより、強姦未遂じゃないのか。

中立の立場で、ヒアリングをします。

そんなこと、Kさんにできるわけがない。私のことを嫌い、セクハラ事件を二つも起こしたKさんに、できるわけがない。

六月△日の面談で、私はセクハラの被害について説明した。けれどもKさんは加害者をかばい、私の話は全て否定した。そして大きな声で、何度も怒鳴った。

二〇一△年にFさんに駅で待ち伏せをされた話をすると、

「彼は以前からその時間に来ていた（これは誤りである。二〇一△年以前には、会っていない）。あなたのせいで、その時間に来られなくなったじゃないかっ」

と怒鳴った。

掃除中に偶然を装って身体を触ろうとするGさんについては、「そんな早い時間に掃除をしている方が悪いっ。早く来るなっ」と怒鳴った。この「早く来るなっ」という怒鳴り声は、自分のために言ったのである。自分が、タバコを吸っているところを見られたくなかったからだ。私欲のために出てきたセリフで、Gさんのセクハラとは関係がない。

自分の欲を満たすだけのために、他人を怒鳴るなんて。

鼻息を荒くするHさんの話をすると、KさんはJさんと一緒に、ゲラゲラと笑った。

おいおい、笑う場面じゃないだろう。ほかの自治体で管理職として働いている女性の友人に話したら、「ええっ、気持ち悪いっ」と共感してくれたのに。

面談のあとで、再度県庁の人事課へ投書した。Kさんにはヒアリングをさせないでほしい、と記した。

六月二十△日にはK警察署に一人で行った。生活安全課の若い男性警察官がヒアリングをした。同じく若い女性警察官が書記として同席した。

男性警察官もKさんたち上司と変わらなかった。加害者の肩を持った。私の話は聞かず、自分ばかりが喋っていた。今回はこんなことが多い。男の人にセクハラの被害を訴えても、信じてもらえない。女性警察官に話を聞いてもらいたかった。

自宅へ帰ろうとしたが、最寄り駅のベンチで立てなくなった。二時間ぐらいずっと座っていた。

意味のないヒアリング

七月△日。七時十六分頃にHさんが出勤してきた。私の席の横は通らず、南側の階段から上がってきた。現場へ出発するときも、南側のドアから出て行った。ははあ、誰かに何か言われたのだな、と思った。

Jさんに声をかけられ、十六時からまたKさんと三人で面談となった。Kさんは加害者にヒアリングをしたという。それで、県庁の人事課が全く何もしていないことに気付いた。FさんもGさんもHさんも、セクハラはしていない、と答えたそうだ。まあ、普通はそうだろう。認めるわけがない。Fさんに至っては、片想いをしていたことから否定したそうだ。

私は、チラッとJさんの方を見た。私と二人で面談をしたときは、「その話、聞いたことがある」と言っていたのに。Jさんは、私のことを見殺しにしたのだった。

Fさんは、ウソをついている。Jさんの記憶以外にも、Dさんの証言がある。

二〇一△年にDさんがFさんをヒアリングしたとき、Fさんは「そんなつもりはない」と答えているのだ。つまり、待ち伏せといった「行動」自体をしたことは、認めているのである。

Fさんは、Kさんにウソをついたのだ。

面談で、Kさんは私を脅迫した。

「加害者側にヒアリングをしたが、セクハラの事実はなかった。よって、研究所としてはセクハラの事実を認めない。あなたのしたことは業務妨害であるから、厳重注意とする。再度訴えるというなら、こちらも厳しい態度に出るぞっ」

厳しい態度というのは、クビにする、ということだろう。

Kさんのしたことは事実のねじ曲げであり、隠蔽である。それは、歴史研究者のすることではない。

私はじっとKさんの顔を見つめた。

Kさんの目が泳ぎ、手が机の上でせわしなく動いた。震えていたのだ。そうか。Kさんは私のことが恐いのだ。恐いから厳しい言葉で私を縛らずにはいられなかったのだ。

「なんですか、何か文句でもあるんですか」

あーっとがっかりする。これは、理論的な発言ができなくなったときに言うセリフだ。子供のケンカで言えば、「お前の母ちゃん、でーべーそ」という悪口に近い。

でべそ発言が出てきたことに落胆した。これも、研究者が口にすべきセリフではない。

リストラなどの面談では、簡単に頷いてはいけない、と新聞に書いてあった。私は、Kさんの言葉には一度も頷かなかった。一言も発さず、一礼して部屋を出た。

反撃

その日の夜に、日頃からお世話になっている県会議員の先生に連絡をした。それから労働問題に詳しい友人に連絡し、相談窓口を教えてもらった。

そのホットラインに電話をすると、弁護士さんらしい男性が、明確な答えをくれた。

これは、業務妨害には当たらない。あなたが故意に相手をおとしめようとして、ウソをついているならともかく。その場合でも、研究所はあなたのウソを証明しなければならない。

雇い止めも無効である。不当解雇に当たる。

そう言ってくださり、ホッとした。

県会議員の先生も動いてくれた。県庁の人事課長と話をしてくださったのだ。七月二十△日に、県庁の人事課の方が研究所に来て、面談することになった。二人とも男性で、あとからそのうちのお一人が係長さんだと知った。

今回は男性とばかり面談している。大阪のある市役所では、セクハラの相談にのるときは、必ず男女二人の上司が話を聞くこと、と決められているそうだ。N県は随分と遅れていた。

人事課との面談も、成果はなかった。それどころか、パワハラの二次被害に遭ってしまった。

管理職に怒鳴られたと言うと、係長は、

「一度怒鳴っただけでは、パワハラだと認められないことも。指導の範囲内ならば」

と言ったのである。

投書をしても無視された理由がわかった。一度怒鳴られたぐらいで、と思ったのだろう。私は一度ではなく、複数回怒鳴られていたが。

県庁の人事課が暴力を容認していることにあきれた。

「怒鳴る」というのは「大声を出して、相手を恐がらせること」であり、暴力行為である。回数の問題ではない。

それに、私は仕事の指導中に怒鳴られたのではない。セクハラの被害を訴えたのに、「あいつがそんなことをするわけがない、お前が悪い」という意味で、怒鳴られたのだ。

私は「怒鳴らなくても指導はできます」と最低限の反論だけはした。だが、洗脳されたかのように暴力を正当化する係長には、それ以上のことは言わなかった。私が話しても、信じてもらえないのがよくわかったからである。ほかの人から説明した方がいいだろう、と思った。

八月になると、私は一人でも入れる労働組合に加入した。組合の方が人事課に電話をしてくださったが、「県庁人事課としては、セクハラもパワハラも認めない」と言われたそうである。

私はN県の人事委員会にも投書した。九月△日に、職員の方と電話で話をすることになった。

職員の方はとても優しくて、頭の回転が速く、丁寧に話を聞いてくださった。男性ではあったが、本当によくしていただいた。改めて人事委員会から、きちんとした対応をとるよう人事課へ申し入れる、と言ってくださった（注・研究所から解雇を言い渡されたあとで電話をすると、冷たい態度をとられた。これが不当解雇に当たることに、全く気付いていなかった。大学の就職課に相談しようかと思う、と言うと、急に怒り出した。世間に知られてはまずい、とわかっているのだ。わかっているのなら、どうして改善しないのだろう。私がインターネットにでも投稿したら、とは考えないのだろうか）。

黙っているのは共犯だ

以上が、二〇一△年を中心とした、K考古学研究所におけるセクハラ・パワハラ事件のあらましである。二〇一七年十一月現在、人事課からは何の連絡もない。

大学の友人にはよく相談していた。友人の一人は、こう言った。

「職場で怒鳴るなんて、非常識。管理職の器やないで。そんな器もないくせに、昇級試験、受けんなよ～」

研究所には、昇級試験はないようだったが。

N県では二〇一△年五月に、パワハラが原因で正職員が一人、自殺している。同年七月には少女への痴漢行為で、非常勤職員が逮捕されている。

私がセクハラとパワハラの被害について人事課へ投書したのは、三月だ。そのときに他部署でも同様の事件が起きていないか調査し、防止のための研修を行っていれば、二つの事件は起こらなかったのではないだろうか。

死ななくてもいい人が死に、何の罪もない少女が、一生消えない心の傷を抱えてしまったのである。

どれだけ、辛かっただろう。

どれだけ、恐い思いをしたことだろう。

人事課の責任は重い。

私の事件に関しては、人事課も研究所の管理職も、私をやりこめた、泣き寝入りさせた、と思っているだろう。

だが、泣き寝入りはしたくない、と思った。

女性解放運動家の故・櫛田ふきさんの言葉を思い出した。

「黙っているのは共犯だ」

私が黙れば、職場でのセクハラとパワハラを容認したことになってしまう。それはいやだ。加害者と共犯になんか、なりたくない。

だから、ペンを取った。

皆さんはどう思われるだろうか。私が受けたセクハラの被害を。管理職の人間がとった態度を。

皆さんの職場では、似たようなことが起きていないだろうか。

働きやすい職場とは、どういったものだろう。
この作品が、そんなことを考えるきっかけになればいいな、と思っている。

追記

原稿が完成してから、追記せねばならないできごとが起こった。K考古学研究所を、クビになったのである。ここに、詳細を記しておく。

二〇一△年の十月頃から、セクハラの加害者である、Hさんのストーキングが復活した。通用口で待ち伏せをされたりしたのである。人事委員会の職員さんに投書すると、県庁人事課の係長から電話をいただいた。今度は丁寧に接してくださった。

係長は「面談をします」と言ってくださった。それで、ストーキングは一旦収まった。

ところが、年が明けるとまたひどくなったのだ。現場が終わって、Hさんが内業をするようになったためだろう。午前中だけで九回も私の机の横を通ったり、私が作業用ブラウスに着替えるシーンを見に来たりするようになった。鼻息もまた、荒くなっていた。そのため二月になると、人事課の係長に二回、投書をした。

そして二〇一△年二月二十八日を迎えた。補助員は一年契約である。解雇予告をするなら契約終了の一か月前、つまり二月末日だ。呼び出しを警戒しながら、仕事をしていた。

午前中にJさんから本をコピーする仕事を指示された。お急ぎのようだったので、土器の実測を途中で止めて、書庫に向かった。

十四時過ぎに総務課から電話があったそうだ。職員の方が受けてくださり、私は総務課へ行った。「十五時に国際交流室へ来てください」とのことだった。

解雇予告だな、と思い、ノートを持って国際交流室へ行った。

部屋には総務課の職員とKさんと、Mさんという管理職がいた。Mさんは事務方の偉いさんだった。補助員とは接点がない。何度か、挨拶をした程度である。

話は主に、Mさんが進めた。

ストーキングのことを言っているが、こちらの調査では、セクハラの事実はなかった。あなたとは話が合わない。ほかの仕事を探してはどうか。よって、来年度の雇用契約は結ばない。

というようなことを話された。

あきれてしまった。セクハラが理由での解雇は無効である。加害者の言うことが正しく、私がウソをついているというのなら、「研究所側は、そのウソを証明しなければならない」と、私は法律相談の電話をしたときに言われている。

管理職がそろっているのに、誰も気付かないのか。

解雇の表向きな理由は「仕事ができないから」だとか、「予算がないから」だとか言われるものだと思っていた。それを堂々とセクハラの話を持ってくるとは。

一人暮らしをしているので、生活費のことを思えば、急な解雇は困る。

少し猶予をいただけないか、と言った。すると、失業保険があるでしょう、あなたなら給与の八割、二百七十日間もらえる、と言われた。それで、金銭的には反論できなくなった。会社都合の退職の方が、失業保険は長くもらえるのだ。ただし、月収が七万五千円ほどだったので、その八割では、とうてい生活はできなかったが。

解雇を、飲むしかなかった。これ以上話したら、本を出版することをうっかり喋ってしまいそうだったし。

反論しそうになったが、大人しくしていた。

有給休暇が十四・五日分残っていた。三月の出勤予定日は十三日しかなかった。これは全額支給してもらうことになった。

Mさんは、もう今日はこれでいいですから、と言った。荷物を片付けて帰れ、明日からは来るな、と言う。私は、実測図が途中だし、今朝言われたコピーもあるので、それは片付けてしまいたいが、と言った。するとKさんが、置いといてください、と答えた。私にはコピー用紙一枚、触らせたくないようだった。

片付けも今日中には終わらない、と言うと、私物を片付けるのなら、三月も来ていい、とまたKさんが言った。図面や遺物など仕事に関する物には、絶対に触らせたくない、と言わんばかりであった。

ああ、これ、あれに似てるよなあ。

古い記憶を思い出した。小学生の男の子だ。新型の筆箱を教室で見せびらかすのだけれど、自分の嫌いな子が来たら、「お前は触んなやっ」と怒る男の子。ははあ、Kさんは「ふでばこ男子」だったのか、と妙に納得した。

Ｍさんは私とほとんど喋ったこともないのに、すっかりＫさんと調子を合わせていた。二人はタバキュー友達だったから、仲が良いのだろう。そういえばこの総務課の職員も、喫煙者だったような気がする。勤務時間中に、三人でどれくらいタバコを吸っていたのだろうか。

二十二年間働いたＫ考古学研究所での日々は、こうして終わりを告げた。


追記の追記になるが、あと一つだけ、研究所が犯した罪について記述したい。

実は今まで黙っていたが、Ｋ考古学研究所は補助員を週に五日働かせておきながら、社会保険に加入させていなかった。何人かだけ枠があったらしい。ほとんどの補助員は未加入だった。私も十九年間は週五日勤務だったが、一度も入れさせてもらえなかった。

初めは「退職者が出たら、勤務年数の長い人から加入させる」と総務課に言われた。その後補助員側から要望が出たときは、「じゃあ何人かクビを切りますよ」と脅された。

調査員は「好きで考古学のバイトをやってるんだから、待遇が悪くったっていいよね」と思っているようだった。

「考古学」と言っただけでロマンを感じる人は多いようだが、実際は違う。セクハラもパワハラも労働基準法違反も存在する、ただの「職場」なのであった。

おまけエッセイ

「研究」と「仕事」に関する一考察

余談となるが、この章では「研究」と「仕事」について語ってみたい。

私の職場は考古学の研究所である。仕事内容は遺物整理や実測、トレースなどである。「考古学がお好きなんですね」「考古学を勉強されていたんですか」などと言われることがあるが、「違います」といつも答えている。

私の学生時代の専攻は地理学だったし、現在でも興味があるのはスポーツ地理学という分野である。考古学には仕事として関わっているだけで、研究をしているわけではない。仕事上必要な知識は覚えたが、詳しいとは言い難い。

「あなたの専門は何ですか」と聞かれたら、やはり「スポーツ地理学です」と答えるだろう。

発掘調査員や大学の研究員になるのは難しいそうだ。募集人員が少なく、狭き門だという。試験に受かれば、研究者として働ける。自分の研究も続けられるだろう。けれどももし、試験に落ちてしまったら。食べていくために、民間企業で働かざるを得なくなるかもしれない。となると、自分のやりたかった研究は、あきらめなければならないのだろうか。

答えは「いいえ」である。大学を卒業しても、研究したいことや勉強したいことがあれば、続ければいいのだ。

今の正社員なら、月収は手取りで二十万円はあるだろうか。節約すれば、生活費は十万円ぐらいで済む。残りの十万円のうち、五万円を貯金に回したとしても、あとの五万円は自由に使える。一年間で六十万円の研究予算ができるわけだ。理系の研究をしていて、何億円もする実験機械が必要だというのならとにかく、文系の研究なら、結構な予算額である。地理学の論文で国内をフィールドとしていれば、十分調査に行ける金額だろう。年に一本は論文が書けると思う。

そもそも研究は、自分が好きでやるものだ。スポンサーがつけば、スポンサーが望む研究結果を、捏造してしまうかもしれない。

考古学の研究所だって、民間ではなく、公的機関であるのが望ましいのはそのためだ。ホテルや不動産会社が株主の民間研究所だったら、遺跡が出てきても、なかったことにしてしまうだろう。ホテルや住宅を、建てられなくなるからだ。

好きな研究を自由にやるのなら、自分の稼ぎを使うのが一番である。もちろん、どこかの研究員になった方が肩書きはつくし、研究はやりやすいだろう。しかしながら組織の一員になると、好きでもない仕事が増えてくる。K考古学研究所に就職できたとしても、毎回、自分が専門としている遺跡を発掘できるわけではない。古墳の専門家が集落の遺跡を掘りに行かざるを得ないこともあるのである。

民間企業であれば、仕事とはお客様から依頼されて行うものだ。パティシエだからといって、「今日はガトーショコラを作りたい気分なので」と、ガトーショコラばかり作るわけにはいかない。お客様がイチゴショートを食べたいと言えば、イチゴショートを作らなければならないのだ。自分の好きなことをやるのではなくて、お客様の望むことをするのが「仕事」である。だからこそ、お給料をいただけるのだ。

自分が本当にやりたいことは、「仕事」の中ではできないのかもしれない。

会社員として業務をこなしていくのも立派なことだ。でも世の中を回しているのは、正社員だけじゃない。ボランティアとして働いたり、趣味で行ったりしていることが、社会を良くするために役に立つこともある。

もう一度言おう。発掘調査員の試験や第一志望の民間企業の試験に落ちたとしても、がっかりすることはない。やりたいことは、自分の稼ぎでやればよい。

好きなことは、あきらめずにずっと続けてもらいたい。いつしかそれが、あなたの心の支えになるだろう。楽しい人生だった、と最後には言えるだろうから。

おわりに

最後まで読んでいただき、ありがとうございました。セクハラやパワハラといった恐い内容に、驚かれたかもしれません。しかしながらこれらは現実に起こったことです。「黙っているのは共犯だ」「泣き寝入りをしてはいけない」。そんな言葉たちに助けられながら、ペンを取りました。

私と同じように、どこかでセクハラやパワハラの被害に遭い、「死にたい」と思っている方が、何人もいらっしゃるのではないでしょうか。

でも、少しだけ待ってください。死ぬ前に、誰かにグチをこぼしませんか。

黙っていたら、あなたはパワハラをする上司を容認した、共犯者になってしまう。

それに、あなたが何も語らず自殺すれば、パワハラ上司は同じことを繰り返すでしょう。今度はあなたの後輩を怒鳴りつけ、また自殺に追い込むでしょう。あなたは、そんなことは望んでいないはずです。

少しでもいいから、グチをこぼしてみませんか。できれば、弁護士さんなどの専門家に。家族や友人は話を聞くことはできますが、対応の仕方がわからないでしょうから。

グチをこぼしても状況が変わらず、「やっぱり生きているのが辛い、死んだ方がマシだ」と思われる方には……。私もどうお声をかけたらいいのかわかりません。あんなにひどいことを言われて、虫ケラのように扱われて。それでも「生きなさい」だなんて、とても……とても、私には言えない。

けれど、もし。もしもあなたに会うことができたなら。

一緒に、野球の試合でも見に行きませんか。かっこいい選手たちを、声をからして応援しませんか。

大阪に、おいしいレストランがあるんです。一緒に、ご飯を食べに行きませんか。

もしも。

もしもあなたが、
生きてさえ、いてくれたら。

最後になりましたが、私に生きる希望を与えてくれた、文芸社の小野幸久様と宮田敦是様に、心より御礼申し上げます。
ありがとうございました。

二〇一八年十一月

高岡さや

著者プロフィール
高岡 さや（たかおか さや）
1970年、東京都生まれ。
関西大学大学院中退。
著書に2005年『ブルタンキスにあこがれて　バドミントン日本リーグ観戦記』（新風舎）、2007年『K考古学研究所のひみつ』（新風舎）がある。

K考古学研究所のひみつ　2 〜良い考古学者と悪い考古学者〜

2018年11月15日　初版第1刷発行

著　者　高岡 さや
発行者　瓜谷 綱延
発行所　株式会社文芸社
〒160-0022 東京都新宿区新宿1-10-1
電話 03-5369-3060（代表）
03-5369-2299（販売）

印刷所　神谷印刷株式会社

ISBN978-4-286-19377-9